十三届全国人大二次会议《政府工作报告》学习辅导

发展更加公平更有质量的教育

侯万军　著

中国言实出版社

图书在版编目（CIP）数据

发展更加公平更有质量的教育 / 侯万军著 . –– 北京 : 中国言实出版社 , 2019.3

ISBN 978–7–5171–3109–0

Ⅰ . ①发… Ⅱ . ①侯… Ⅲ . ①教育－公平原则－研究－中国 Ⅳ . ① G52

中国版本图书馆 CIP 数据核字（2019）第 055276 号

出 版 人：王昕朋
总 监 制：朱艳华
责任编辑：史会美

出版发行　中国言实出版社
　　　　　地　址：北京市朝阳区北苑路 180 号加利大厦 5 号楼 105 室
　　　　　邮　编：100101
　　　　　编辑部：北京市海淀区北太平庄路甲 1 号
　　　　　邮　编：100088
　　　　　电　话：64924853（总编室）　64924716（发行部）
　　　　　网　址：www.zgyscbs.cn
　　　　　E-mail：zgyscbs@263.net
经　　销　新华书店
印　　刷　北京温林源印刷有限公司
版　　次　2019 年 3 月第 1 版　　2019 年 3 月第 1 次印刷
规　　格　850 毫米 ×1168 毫米　1/32　0.625 印张
字　　数　8 千字
定　　价　6.00 元　ISBN 978–7–5171–3109–0

发展更加公平更有质量的教育

教育是民族振兴、社会进步的重要基石，是国之大计、党之大计。2018 年召开的全国教育大会对新时代教育工作进行了全面部署，为加快推进教育现代化、建设教育强国指明了方向、提供了遵循。李克强总理在十三届全国人大二次会议上所作的《政府工作报告》中强调，要发展更加公平更有质量的教育。这就要求我们必须把教育事业放在优先位置，深化教育改革，加快教育现代化步伐，努力办好人民满意的教育。

一、全面落实立德树人根本任务

习近平总书记在全国教育大会上明确提出，要培养德智体美劳全面发展的社会主义建设者和接班人。这一重要论述，丰富发展了党的教育方针，是党的教育理论的重大创新。贯彻落实好新时期党的教育方针，必须遵循教育规律和人才成长规律，围绕凝聚人心、完善人格、开发人力、培育人才、造福人民的工作目标，把立德树人贯穿到教育工作的各领域、各环节，培养全面发展的时代新人。

一要增强德育教育的针对性和实效性。德智体美劳，德是第一位的，具有根本性、引领性作用。青少年是价值观形成和确定的关键时期，德育教育对其一生成长至关重要。要推动社会主义核心价值观融入思想道德、文化知识、社会实践教育的各环节，贯穿基础教育、职业教育、高等教育各领域，落实到教材教学、校风学风建设等方面，引导青少年"扣好人生第一粒扣子"。深入推动习近平新时代中国特色社会主义思想进教材进课堂进头脑，既要开展系统的理论知识教育，又要入情入理地解答学生面临的问题和困惑。要加强教材建设和管理，实现大中小学思想政治课教材内容的有序递进、有机衔接。

二要加强体育美育劳动教育。青少年的体质健康，不仅关乎个人成长，而且关乎家庭幸福、国家未来。必须采取综合措施增强青少年体质，尤其要让孩子们多参加户外活动、"动起来"，上好体育课、课间操等。要多渠道补充体育教师，加强体育教学，因地因校制宜，开发丰富多样的特色体育课程，办好校园足球特色学校，积极发展校园篮球、校园排球等特色学校，让每个学生都能掌握一门运动技能，使孩子们在体育锻炼中享受乐趣、增强体质、健全人格、锤炼意志。美育是纯洁道德、丰富精神的重要源泉。要坚持以美育人、以文化人，开齐上好美育课程，推动中小学校形成"一校一品""一校多品"的美育特色，让每个学生都能根据自身兴趣自愿选择。劳动教育不仅可以让学生体会到劳动的喜悦，还有利于职业启蒙。要结合学生成长规律和教育实际，对劳动教育课程设置、实施形式、师资培训及资源保障等方面作出系统安排，通过采取日常家务、手工制作、非遗传承、学工学农、社会实践、志愿服务等多种方式，丰富劳动教育的形式和内容。

三要加强高校思想政治工作。高校思想政治工作关系到高校培养什么样的人、如何培养人、为谁培养人这个根本性问题，是我国高校的特色，也是办好我国高校的优势。加强高校思想政治工作，必须解决思政教育与专业教育"两张皮"问题，切实推动思想政治工作内容形式、方法手段的创新。思想政治课是思政教育的主渠道主阵地，要把教学活动和学生实际需求紧密联系，在教学中与学生形成价值认同和情感共鸣，不断提升思政教育的针对性、实效性和吸引力。要用好实践这个大课堂,让思政教学深入到工厂车间、社区军营、田间地头,深入开展大学生暑期"三下乡""志愿服务西部计划"等活动,让学生在中国特色社会主义的生动实践中丰富阅历、磨炼意志、增长才干。高校要配齐专职思政和党务工作队伍,加强辅导员队伍建设,充分发挥校外兼职辅导员的作用,让辅导员成为学生成长成才的人生导师和健康生活的知心朋友。

二、切实解决群众关心的教育突出问题

教育事业发展与每个人息息相关。当前,我国教育"有学上"的问题基本解决,但"上好学"的需求更加凸显。必须聚焦群众关切集中发力,努力扩大优质资源供给,促进教育事业发展成果更多更公平惠及人民群众。

一要多渠道扩大学前教育资源供给。办好学前教育、实现幼有所育,是党的十九大作出的重大决策部署。多年来,我国学前教育事业快速发展,2018 年学前三年毛入学率近 80%,远远超出原定 2020 年达到 70% 的目标任务,超过中高收入国家平均水平。尽管如此,"入园难""入园贵"依然是困扰老百姓的烦心事之一。去年印发的《中共中央国务院关于学前教育深化改革规范发展的若干意

见》明确指出，办好学前教育、实现幼有所育，关系亿万儿童健康成长，关系社会和谐稳定，关系党和国家事业未来。李克强总理在《政府工作报告》中不仅强调要"多渠道扩大学前教育供给"，而且指出，"无论是公办还是民办幼儿园，只要符合安全标准、收费合理、家长放心，政府都要支持"。当前要重点抓好四个方面的工作：一是继续实施学前教育行动计划，逐年安排建设一批普惠性幼儿园，重点扩大农村地区、脱贫攻坚地区、新增人口集中地区普惠性资源。二是积极挖潜扩大增量。充分利用腾退搬迁的空置厂房、乡村公共服务设施、农村中小学闲置校舍等资源，以租赁、租借、划转等形式举办幼儿园。鼓励支持街道、村集体、有实力的国有企事业单位办幼儿园。三是规范小区配套幼儿园建设使用。各地要制定建设管理办法，加强部门联动，做好配套幼儿园规划、土地出让、园舍设计建设、验收、移交、办园等环节的监督管理。四是鼓励社会力量办园。通过购买服务、综合奖补、减免租金、派驻公办教师、培训教师、教研指导等方式，多渠道支持普惠性民办园发展，并将提供普惠性学位数量和办园质量作为奖补和支持的重要依据。

人生百年，立于幼学。全球跟踪研究显示，儿童发展的早期投入，未来可获得4至9倍的人力资本回报。要抓好保教质量，加强园舍条件、玩具教具和图画书籍等配备，多开发一些优质游戏活动资源和特色课程，为幼儿提供丰富适宜的教育环境。需要强调的是，学前教育主要是养成教育而非知识教育，要坚决治理幼儿园"小学化"的问题，让孩子们快乐成长、健康发展。幼儿教师责任重大、工作辛苦，需要爱心和奉献精神。要办好幼儿师范专科学校和学院，扩大本专科层次和公费师范生培养规模，积极落实工资待遇，切实保障幼儿教师的合法权益。要强化学前教育规范管理，充分利用互联网等信息化手段，实施有效监管，确保幼儿园安全。

二要持续推进城乡义务教育一体化发展。没有乡村教育的现代化，就没有中国教育的现代化。推进城乡义务教育一体化，关键是尽快补上乡村教育这个短板。要根据经济社会发展和人口流动情况，合理布局农村学校，切实办好乡村小规模学校和乡镇寄宿制学校，改善办学条件，努力为农村学生提供公平而有质量的教育。当前，一些农村贫困地区仍存在失辍学现象，特别是深度贫困地区历史欠账较多，是义务教育发展的最大短板。今年要开展专项行动，以深度贫困地区为重点，加大教育资源整合和政策支持力度，在资金投入等方面给予更多支持，完善精准化帮扶政策，把政府、社会、家庭、学校的责任落到实处。有高素质的乡村教师，才有高质量的乡村教育。要进一步采取措施加强乡村教师队伍建设，重点是要提高乡村教师的工资待遇、改善工作环境、落实各项倾斜支持政策，着力增加乡村教师岗位吸引力。现在，一些地方探索集团化办学、委托管理、强校带弱校等灵活多样的办学形式，有力提升了乡村学校办学质量。要进一步加强师资力量的统筹使用，推进"县管校聘"改革，完善城乡学校支教制度，扩大"特岗计划"规模，加大教育培训力度，切实提高乡村教师教学水平。大力发展"互联网＋教育"，促进优质教育资源在更大范围共享。

义务教育阶段在城镇的主要问题是"大班额"。2018 年，全国义务教育阶段 56 人以上"大班额"占总班数比例为 7.06%，66 人以上"超大班额"占总班数比例为 0.5%。班额过大，不但直接影响教育质量，不利于学校管理和学生身心健康，而且还存在安全隐患。现在，"超大班额"已基本消除，下一步要把工作重点放在消除"大班额"方面。要加强学校建设与市政规划、土地供应、居住区配套、教师编制等方面的统筹安排，保障学校建设用地，落实好新建居住区配套学校建设政策，加大学位供给力度，确保到 2020 年基本消除"大班额"。全国义务教育阶段随迁子女有 1400 多万人，必须依法保障这些孩子受教育的权利。要坚持以流入地政府为主、以公办学校为主，将常住人口纳入区域教育发展规划、将随迁子女教育纳入财政保障范围，加快建立以居住证为主要依据的随迁子女入学政策。过重的课业负担是学生健康成长的障碍，也不利于激发学习兴趣。要更好发挥学校教育主阵地作用，深化教育教学改革，切实减轻学生过重课业负担，扎实推动教学方式由应试导向向育人导向转变，倡导自主学习、合作学习、探究式学习，改变被动学习、死记硬背、机械训练的倾向。要开齐开足开好各门规定课程，严格按照课程标准"零起点"正常教学，统筹不同学科作业数量和作业时间，努力扭转"校内减负、校外增负""教师减负、家长增负"的现象。规范校外培训机构发展，健全监管长效机制。现在，家长对课后"三点半"问题反映强烈。要全面开展课后服务，帮助学生培养兴趣、发展特长、开拓视野、增强实践能力，切实解决家长后顾之忧。

三要进一步提高高中阶段教育普及水平。认真落实高中阶段教育普及攻坚计划，对各地普及水平、布局结构、办学条件、经费投入、教育质量等方面进行重点监测，重点指导毛入学率尚未达到90%的省份，加快扩大高中阶段教育资源。继续实施教育基础薄弱县普通高中建设项目，推动中西部省份提高普及水平。鼓励普通高中多样化有特色发展，加强实验教学，提高学生动手能力和解决实际问题能力。广泛开展阅读活动，让学生在系统阅读、大量阅读、深层次阅读中思考问题、提升素养、增长见识。

四要办好民族教育和特殊教育。加强新时代学校民族团结进步教育，引导学生牢固树立中华民族共同体意识，强化"五个认同""三个离不开"思想。支持民族地区加强学前和中小学少数民族教师培养培训工作，提高教师国家通用语言文字教学能力和信息化教学水平，加强少数民族文字教材建设。全面实施第二期特殊教育提升计划（2017—2020年），摸清适龄残疾儿童少年底数，落实好"一人一案"，加强随班就读，提升义务教育普及水平。

三、提高教育服务经济社会发展的能力

时代越发展，知识和人才的重要性就越突出，教育的基础性、先导性、全局性地位就越凸显。最

近，中共中央、国务院印发了《中国教育现代化2035》，着眼以教育现代化支撑国家现代化，对教育现代化作出了中长期战略规划。必须坚持教育优先发展，优化教育体系结构，提升教育质量，推动教育更好服务经济社会发展。

一要推动职业教育大改革大发展。加快发展现代职业教育，努力培养数以亿计的高素质劳动者和技术技能人才，不仅可以为促进经济社会发展和提高国家竞争力提供优质人才资源，也有利于促进就业、让每个人都有人生出彩的机会。要对接科技发展趋势和市场需求，深化办学体制和育人机制改革，切实提高职业教育质量、增强吸引力。国务院印发的《国家职业教育改革实施方案》（以下简称《方案》），职业教育和普通教育是两种不同的教育类型，具有同等重要地位。《方案》以推动职业教育从数量扩张转变为质量提升为主线，在制度标准、产教融合、质量评价、保障政策等方面，提出了一系列带有突破性的改革举措，开启了职业教育改革发展的新征程。

提高职业教育质量，关键要推进教师、教材和教法改革。现在全国职业院校"双师型"教师不到40%，远远满足不了职业教育大改革大发展的需要。要坚决打破学历和文凭的条框限制，拓宽从行业企业选拔优秀教师的渠道，从今年起职业院校、应用型本科高校相关专业教师原则上从具有3年以上企业工作经历并具有高职以上学历的人员中公开招聘。要及时将新技术、新工艺、新规范纳入教材，坚决扭转"理论灌输多、实操实训少"的状况，积极普及项目教学、情景教学、工作过程导向教学等方式，推广"订单制"、现代学徒制、企业新型学徒制等做法，推动教学过程与生产过程相对接。职业教育与产业发展关联度高，要进一步深化产教融合，采取"金融＋财政＋土地＋信用"的组合式激励政策，鼓励企业兴办职业教育，加强实训基地建设，推动职业教育由政府举办为主向政府统筹管理、社会多元办学的格局转变。今年要开展国家产教融合建设试点，打造一批产教融合型城市，依托地方优势主导产业建设若干产教融合型行业，在全国培育数以万计的产教融合型企业。职业教育改革的一大亮点是实行1+X证书制度。这是一项重大改革举措，不是原有职业资格证书的简单翻版，而是全新的制度设计，基本思路是把学历证书和职业技能等级证书衔接起来。推进这项改革，要坚持试点先行，选择一些具备条件的职业院校大胆探索，为全面推行改革积累经验。

二要提高高等教育人才培养质量。改革开放以来，我国高等教育快速发展，现在毛入学率已达到48.1%，即将由大众化阶段进入普及化阶段。今后必须把工作重点放在内涵式发展方面，切实提升高等教育办学质量，更好满足经济社会发展需要。要加快推进学科专业调整优化，积极引导新增优质高等教育资源向急需地区和产业倾斜，促进高校在各自类型和领域办出特色、争创一流。发挥"双一流"建设高校的带动作用，强化学科特色与优势，努力打造具有国际影响力的一流学科。人才质量是衡量高校办学水平的最重要标准。必须下大力气狠抓培养质量，对学生要严管厚爱，全面整顿教学秩序，严格培养标准，严肃考试纪律，以硬约束倒逼学生自主学习，切实提升自身素质。积极支持相关高校，在工程、法治、医学、农林、新闻、教师以及基础学科领域大力培养卓越拔尖人才，对本科专业教学质量实行专业认证。推进卓越研究生教育，支持开展关键领域博士人才培养专项工作。推动具备条件的普通本科高校转为应用型大学，支持中西部地区建设有特色、高水平大学。要完善部省合建机制，在尚无教育部直属高校的省份，按照"一省一校"

原则重点支持 14 所高校建设，增强中西部高校"造血"功能。

三要发展继续教育。加强高等学历继续教育的统筹管理，完善政策支持体系，提升规范化管理水平和人才培养质量，促进开放大学建设与发展。大力发展非学历继续教育，推动各级各类学校开放资源，办好社区教育、老年教育，推进继续教育学习成果认证、积累与转换，加快建设学习型社会。

四、以改革开放激发教育事业发展生机活力

教育是改革开放的先行者、受益者、助力者，推进教育现代化仍然要靠改革开放。要围绕破除教育领域长期存在的体制机制障碍，进一步深化教育改革，加快形成充满活力、富有效率、更加开放、有利于高质量发展的教育体制机制。

一要深化教育领域的"放管服"改革。经过多年努力，在推进教育"管办评"分离、落实学校办学自主权等方面改革取得了重要进展，但管得过多、过细的问题仍然存在。要尊重教育发展规律，推进政府职能转变，坚决破除不合理的条条框框，构建政府、学校、社会之间的新型关系。落实高校在薪酬分配、职称评审等方面的办学自主权，推动完善高校内部治理结构，扩大学位授权自主审核单位范围。进一步扩大高校科研自主权，赋予创新团队和领军人才更大的人财物支配权和技术路线决策权，激发高校创新活力。

二要推动考试招生制度改革走深走实。考试招生制度改革事关教育公平，牵引着各级各类教育发展，对教育改革有着"牵一发而动全身"的作用。2018年，河北、辽宁、重庆等8省市启动高考综合改革。要在深入总结前两批试点省份做法经验的基础上，结合实际、积极稳妥推进这项改革。启动新一轮高考内容改革，发挥考试招生在引导学生德智体美劳全面发展中的重要作用。全面深化中考改革，实施学业水平考试、综合素质评价，规范招生行为。进一步完善"职教高考"制度，实施好"文化素质＋职业技能"的考试招生办法，探索优先录取机制，为有志于接受职业教育的各类人才增加一次高考的机会，扩大职业教育生源范围。

三要加强教师队伍建设。教师是立教之本、兴教之源。2018年，中共中央、国务院印发了《关于全面深化新时代教师队伍建设改革的意见》，要切实抓好贯彻落实。大力振兴教师教育，加大对师范院校支持力度，支持高水平综合大学开展教师教育，统筹实施幼儿园、中小学、职业院校、普通高校教师"国培计划"，提升教师专业素质能力。加强师德师风建设，落实好教师职业行为准则，严格执行师德"一票否决"。要采取有效措施，积极改善教师的工作和生活条件，提升社会地位，让尊师重教蔚然成风。义务教育教师的平均工资水平不低于当地公务员的平均工资水平，是《义务教育法》的明确规定。要进一步完善保障义务教育教师工资待遇有关政策，持续推动落实，吸引更多优秀人才长期从教、终身从教。

四要鼓励社会力量依法兴办教育。民办教育是教育事业发展的重要力量。要推动《民办教育促进法实施条例》出台，完善民办教育发展法律制度和政策支持体系，在分类登记、税收优惠、土地使用、财政支持、教师待遇等方面进一步明确扶持内容。加强对民办教育的监督管理，制定非营利性民办学校监督管理实施细则，促进民办教育健康发展。

五要深化教育督导改革。教育督导是保障教育事业优先发展、促进教育公平、提升教育质量、保障教育安全的重要手段。要促进教育督导机构独立行使职能，建立健全决策权、执行权、监督权既相互制约又相互协调的运行机制。加强督政工作，继续组织开展对省级政府2018年履行教育职责评价工作，建立健全地方各级政府优先发展教育执行情况的评价机制。继续开展义务教育发展基本均衡县（市、区）督导评估认定，开展国家义务教育质量监测，科学评估全国义务教育质量总体水平。要创新督导方式，规范流程标准，探索随机抽查、评估监测、第三方评价、满意度调查等方式，切实发挥督导在发现问题、解决问题中的作用。要严格落实督导问责机制，强化刚性约束，建立"回头看"机制，让督导既有"督"的权威，又有"导"的作用。

六要提高教育经费使用效益。进一步完善教育经费投入机制，健全生均拨款制度，继续推动教育经费向困难地区和薄弱环节倾斜。统一城乡义务教育"两免一补"和生均公用经费等保障政策，支持义务教育薄弱环节改善与提升能力。大幅增加中央财政学前教育经费，支持和引导地方优化支出结构，健全学前教育成本分担机制。着力加大职业教育投入，在继续巩固落实好高职生均财政拨款水平达到12000元的基础上，中央财政将大幅增加对高职院校的投入，推动各地解决省以下、校际间拨款水平差距大等问题。继续支持"双一流"建设，完善中央高校预算拨款制度，重点支持高校基础研究和本科教育，支持地方高校改革发展，补助资金向中西部地区倾斜。

七要加快推进教育信息化。全面深化"三通两平台"建设与使用，推进信息技术与教育教学深度融合。加大信息基础设施建设力度，力争全国中小学互联网接入率达到97%以上、出口带宽达到100Mbps（兆/秒）以上。完善国家数字教育资源公共服务体系，深入开展"一师一优课、一课一名师"活动，有序推进职业教育专业教学资源库建设，推动更多高校优质上线。

八要扩大教育对外开放。扩大教育开放既有利于我国学校借鉴各国教育发展的经验和成果，也可以提升我国教育的国际影响力，促进中外人文交流。在出国留学方面，要继续开展多种形式的教育合作，拓宽合作视野，创新合作方式，着力培养"高、精、尖、急、缺"人才、非通用语种人才、国际组织人才、国别和区域研究人才。在来华留学方面，要加大宣介力度，吸引更多各国青年来华留学，打造"留学中国"品牌，大力培育政府、商业、科教、传媒、智库等青年领袖人才。积极引入全球一流教育资源，开展高水平中外合作办学。深化共建"一带一路"

教育合作，促进沿线各国学生流动、学分学历互认，共同开发课程教材、教育标准，为共建"一带一路"、深化中国与世界各国平等合作提供人才和智力支撑。